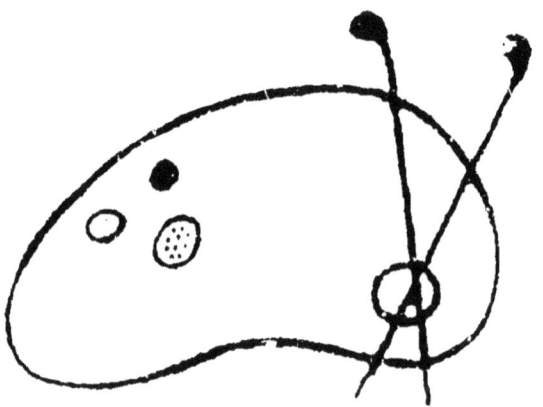

Fin d'une série de documents
en couleur

NOTICE

SUR

PAUL JANET

Promotion de 1841. — JANET (Paul-Alexandre-René), né à Paris, le 30 avril 1823 ; décédé à Paris, le 4 octobre 1899.

M. Janet est un Parisien de Paris. Né rue Saint-Honoré, n° 125, il fut élevé à Paris et y passa soixante-cinq années de sa vie. La famille de son père, toute parisienne, était dans le commerce et les affaires ; celle de sa mère habitait la province et appartenait, ou se rattachait à la magistrature. Son grand-père avait fondé une bonne librairie, rue Saint-Honoré, son père était libraire et marchand de musique. On aimait, dans la famille, les plaisirs de l'esprit, et on y cherchait une source d'instruction. Le grand-père, pour amuser ses nombreux garçons, avait imaginé de leur faire jouer la comédie. Il construisit un petit théâtre, où l'on joua tous les samedis, devant la famille et les amis, les pièces de Regnard, Augier, Casimir Delavigne. Et cette instruction, libre et naturelle, fut très efficace. Au contact de personnes ainsi élevées, Paul Janet prit pour les livres et le théâtre, et, d'une manière générale, pour l'étude libre et personnelle, un goût très vif, qui ne le quitta jamais.

Il était le plus jeune de quatre enfants. Il connut à peine son père, qu'il perdit à l'âge de neuf ans ; mais il conserva sa mère jusqu'à vingt-quatre. C'était une personne d'une grande distinction, douce et sérieuse, très affectueuse sous des dehors un peu austères et réservés, d'une piété sage et tolérante, d'un esprit judicieux et éclairé.

Il grandit dans un milieu d'opinions libérales, mais où était restée très vivante l'aversion pour les excès de 1793 et 1794.

De sa petite enfance, il avait gardé principalement deux souvenirs : l'un, très agréable, celui de sa première expérience du spectacle au théâtre des marionnettes de Séraphin ; l'autre, très désagréable, celui de son entrée à l'école, vers l'âge de six ans. Il jugea tout de suite qu'il n'était pas fait pour cette vie de contrainte, de travail mécanique, de camaraderie forcée ; et il ne se trompait pas. Repassant dans la fin de sa vie ses années d'école et de collège, il écrit : « La vie en commun m'a toujours été odieuse. — A la réflexion pourtant, il se félicite d'y avoir été soumis. « Avec mon caractère timide et un peu renfermé, dit-il, je serais devenu insociable et solitaire, si je n'avais pas été forcé à vivre de la vie de l'éducation publique. » En réalité, il ne voulait donner son affection que librement. Mais il la donnait sans réserve à ceux qu'il en jugeait dignes. C'est ainsi qu'il noua, dès cette époque, avec un enfant intelligent et aimable, mais infirme, une amitié qui devait, par la suite, résister à toutes les traverses. Victor Mabille, raconte M. Janet, « avait le malheur d'être boiteux ; et cette infirmité, dans un caractère très entreprenant et très ambitieux, fut pour lui la source de grands chagrins. Elle fut probablement la cause qui nous lia. Il avait besoin d'un aide, d'un soutien : je devins son bâton, il me donnait le bras. D'ailleurs, plein d'esprit, d'une figure distinguée et fine, même delicate, il avait probablement une séduction particulière. Bref, nous devînmes inséparables. » Leurs voies furent, par la suite, singulièrement divergentes, puisque le jeune Victor se trouva amené à organiser et diriger le bal Mabille, qu'avait fondé son père. Mais c'était un honnête homme et un homme d'esprit : M. Janet lui demeura fidèle sans fausse honte. Et quand, après plus de trente ans, la maladie frappa l'intelligence de son ami, il entoura ses derniers instants de lucidité de cette même affection dont il avait réchauffé son enfance.

Son amitié avec Victor Mabille lui fut une compensation aux ennuis de l'école. Il continuait à s'y sentir dépaysé. Un jour, c'était un mardi, il eut une grande joie. Comme il allait entrer en récréation, on vint lui dire que sa bonne le demandait, et qu'il devait retourner à la maison. Or, ce jour était le 27 juillet 1830. Il changeait les destinées de la France. Il fut béni du jeune Paul Janet. Car, désormais, on ne lui parla plus d'école ni d'études. Pendant près de deux ans, il passa un temps bien heureux : un vaste appartement bien différent de l'ancien, de grands magasins où il pouvait courir, et rien à faire ! Sa sœur aînée, sortie de pension, essaya de lui donner quelques leçons. Vains efforts : ses dictées restaient épouvantables. En revanche, il avait l'amour de la lecture : il passait des journées, absorbé par une histoire ; Paul et Virginie et Gil Blas le passionnaient.

Ce fut un grand chagrin, lorsque, en avril 1832, il dut entrer en pension ; surtout lorsque, son père étant mort cette année même, il se vit enfermé comme interne dans ce qui lui faisait l'effet d'une caserne ou d'une prison. Il sentit très distinctement qu'il ne pouvait se passer de la liberté et de la vie de famille. Il ne respirait qu'aux petites récréations que l'on allait prendre chaque jour au Luxembourg, dont on était voisin. Il eut aussi une consolation bien précieuse : ce fut l'amitié qu'il noua avec un camarade d'un grand cœur et d'une fine intelligence : le futur physicien et patriote Charles d'Almeida. Cette amitié si tendre et si solide fut une des joies de sa vie.

Il ne tarda pas à prendre goût aux études. La pension de Reusse, située rue de Vaugirard, 48, envoyait ses élèves au lycée Saint-Louis. Paul Janet y fut tout de suite au premier rang. Il en conclut que d'avoir travaillé tout seul, ou même de n'avoir pas travaillé du tout ne lui avait pas été si défavorable.

L'un des exercices vers lesquels il se sentit le plus attiré fut le vers latin. Il l'aimait, parce que, pour y réussir, il faut autre chose que la docilité passive du fort en thème, à savoir de l'imagination, de l'esprit et du rythme. Il devint bientôt le plus fort de sa classe en vers latins. Il était stimulé par un répétiteur de sa pension, qui s'appelait Eugène Despois. Ce n'était pas un répétiteur ordinaire. Sous son influence, P. Janet et un de ses camarades nommé de Vanne, qu'avait également distingué Despois, se prirent d'enthousiasme pour les maîtres de la poésie latine. Ils se levaient la nuit pour aller dans la chambre de leur maître, et on y restait jusqu'à cinq heures du matin à lire Virgile et Horace. Après quoi, on dormait en classe et en étude, toute la journée.

La seconde passion de Paul Janet au lycée fut la philosophie. A la fin de sa vie il parlait encore avec émotion et reconnaissance des leçons de son excellent professeur de philosophie du lycée Saint-Louis. « S'il m'est permis, dit-il en 1897, d'évoquer d'illustres exemples, moi aussi, j'ai senti la vocation philosophique se manifester en moi en entendant les premières leçons de mon maître en philosophie, le vénéré M. Gibon. Il n'était pas éloquent, car il lisait ses leçons ; mais il était grave, convaincu, d'un esprit libre et indépendant : je lui dois un amour de la philosophie qui n'a jamais tari depuis tant d'années... »

Quelle fut, en réalité, la part de M. Gibon dans la vocation de M. Janet ? Il est clair qu'à travers l'enseignement, quel qu'il fût, ce que celui-ci chercha d'instinct et démêla, ce fut la philosophie elle-même, dans son essence et dans sa vie propres, comme un esprit naturellement mathématicien aperçoit des figures idéales derrière les formes imparfaites de la réalité sensible. La secousse qu'éprouva Janet ne paraît pas s'être produite chez les autres élèves de M. Gibon.

Au terme de son année de philosophie, âgé de dix-huit ans, il se présenta à l'École Normale. Il fut admis le douzième, à la suite d'Antonin Rondelet, dans une promotion qui avait à sa tête Sommer, et, à la suite de Sommer, Hippolyte Rigault. Il eût été classé plus loin sans l'érudition remarquable dont il fit preuve en histoire. L'examinateur, notre vénéré maître M. Wallon, lui ayant demandé s'il pouvait indiquer la suite des empereurs romains, il en récita la liste sans broncher, d'Auguste à Septime Sévère, sans omettre une date, et il eut une bonne note. Il devait cette science à son professeur d'histoire du lycée, qui, ne sachant pas tenir sa classe, donnait force pensums, à tort et à travers, et pour qui il avait ainsi copié la liste des empereurs un si grand nombre de fois, qu'il avait fini par la savoir par cœur.

L'École Normale, alors, se trouvait encore rue Saint-Jacques, dans le vieux collège Du Plessis. Elle avait pour directeur Dubois, pour sous-directeur Vacherot. Janet a conservé un bon souvenir de Dubois. En effet, ce directeur libéral institua la sortie du jeudi, de quatre heures à huit : ce qui fut un grand soulagement. Il établit aussi la sortie du soir jusqu'à minuit, quatre fois par an. La première fois qu'eut lieu cette sortie extraordinaire, la joie de M. Janet fut de l'ivresse ; il pourrait donc encore aller au théâtre ! Il consacra sa soirée à voir Rachel dans *Le Cid*.

Il était arrivé à l'École avec un vif désir d'avancer en philosophie. A cet égard l'enseignement glacé, timidement écossais du fougueux républicain

Amédée Jacques ne le satisfit pas. En revanche, Ernest Havet lui révéla la littérature. Jusque-là, sous ce nom, il n'avait guère vu enseigner que les finesses de la grammaire. Ernest Havet s'attaquait à la pensée même de l'auteur, étudiait l'homme, le milieu historique, soumettait l'œuvre à une analyse de psychologue et de moraliste, et parlait avec son âme. La forte impression que cet enseignement exerça sur Janet ne fut dépassée que par celle qu'il reçut des étincelantes causeries de Désiré Nisard, au milieu des élèves rangés autour du poêle. Nisard, aimait-il à dire, avec Rachel, sauva en France, à cette époque, la tradition classique, l'admiration des grands maîtres.

En même temps que, sous cette double direction, s'éveillait en Paul Janet la vocation littéraire, son ardeur philosophique était enfin contentée par le maître de conférences de seconde année pour l'histoire de la philosophie, Emile Saisset. C'était un professeur très solide, instruit, pénétrant, spirituel. Quelques années plus tard, sur une leçon, il devinait M. Lachelier. Son enseignement était rationaliste, repoussant tout parti pris d'hostilité, mais usant d'une libre critique à l'égard de la religion. Collaborateur de V. Cousin, il n'en professait pas moins une philosophie fort différente de celle du maître. Tandis que Cousin, tout en appelant Maine de Biran le plus grand métaphysicien du siècle, donnait peu d'attention à sa doctrine, mais s'enfermait de plus en plus, par peur d'être accusé de panthéisme et par esprit de gouvernement, dans un spiritualisme discret et correct, Saisset, avec plusieurs autres, fit des idées propres de Biran le fond de son enseignement philosophique. Avec Biran il chercha, dans la conscience même, dans la réalité que nous découvre la réflexion sur notre moi, les principes de métaphysique que Cousin demandait à la raison pure et à l'abstraction. Janet s'attacha étroitement à cet excellent maître et devint son ami. Il passa mainte journée avec lui. Il l'accompagna, pendant les vacances, dans un voyage en Suisse. En fait, c'est dans l'enseignement biranien de Saisset, non dans l'éclectisme de Cousin, que se trouve l'origine des idées que devait plus tard soutenir et développer M. Janet.

Dès l'Ecole, il manifesta un tempérament philosophique. Il était très bon camarade, et jouissait fort de l'esprit de Corrard ou du charmant talent poétique de Campaux : mais il était surtout un méditatif. Souvent il se promenait seul, pendant les heures de récréation, et se tourmentait à chercher la solution de quelque problème. Sa modestie et sa timidité s'effaçaient volontiers devant la forte voix et la tranchante assurance du savant Denis, ainsi que devant la verbosité diffuse et caressante de Rondelet. Tous deux, d'ailleurs, étaient tenus pour supérieurs à Janet.

L'agrégation, dès la sortie de l'Ecole (1844), le mit à son rang. Il parla avec une netteté, une fermeté, une autorité extraordinaires. Ceux qui l'ont entendu alors — tel son jeune camarade M. Manuel — croient l'entendre encore, tant ils furent frappés de la sincérité de cette parole éloquente, où rien ne visait à l'effet, où les mots, l'ordre des matières, le mouvement et la vie du discours naissaient spontanément des idées ou des choses ; où il semblait que la vérité s'exprimât elle-même. Le président du jury était Victor Cousin. Il justifia en ces termes, dans son rapport au ministre, le premier rang attribué à Janet : « M. Janet a été le premier hors ligne pour sa leçon. Il a de la science, du nerf, de la précision. Sa leçon sur la divine Providence est assurément une des plus fortes et des plus belles que j'aie entendues depuis quinze ans. La doctrine la plus pure, une méthode sévère, un rare savoir, une élocution nette et vigoureuse ont, pendant une heure entière, captivé un nombreux auditoire. Je n'hésite point, Monsieur le Ministre, à vous signaler ce jeune homme comme une des meilleures espérances de l'enseignement philosophique. » Et M. Cousin ajoutait : « Il est à souhaiter qu'il puisse rester un an de plus à Paris pour y cultiver son talent ; c'est du moins le vœu que le bureau m'a chargé de vous exprimer. »

En conséquence, M. Janet fut, l'année suivante, secrétaire de Victor Cousin aux appointements de 1,200 francs. Il vit de près le maître et son génie, et il éprouva une impression de froid. Il le regardait de bas en haut, avec un grand respect et même avec un peu de terreur. Il lui semblait qu'il avait affaire à un pédagogue plutôt qu'à un ami. Quoique émerveillé des élans brusques de son éloquence, il sentait plutôt le poids que le charme de sa supériorité. Ces impressions, à vrai dire, devaient disparaître un jour, alors que Janet, devenu lui-même un maître, rencontra auprès de Cousin une aimable familiarité : elles firent place alors à un sentiment de respectueuse affection. Mais à cette époque, M. Cousin ne se montrait au jeune agrégé que comme chef et personnage officiel, et il lui imprimait le sentiment d'une tutelle très noble et très sévère.

Il lui donnait d'ailleurs de particulières marques d'estime. Il le faisait collaborer à son ouvrage sur le Vrai, le Beau et le Bien. Il se promenait avec lui l'après-midi, dans son jardin de Bellevue, et lui développait éloquemment ses idées. Janet passait sa soirée à les mettre en ordre et à les rédiger. Le lendemain matin, il lisait son travail au maître, qui arrêtait le texte définitif.

Après une année passée ainsi auprès de Victor Cousin, Janet fut nommé professeur au collège royal de Bourges. Il y resta trois ans, de 1845 à 1848, combinant avec son enseignement la préparation à l'agrégation des Facultés, la rédaction de ses thèses de doctorat, et des travaux sur les questions politiques à l'ordre du jour.

Lui qui n'avait jamais quitté Paris, il eut à Bourges une surprise, celle d'y rencontrer plusieurs personnes très remarquables. Il avait cru que toutes les illustrations de la France se trouvaient dans la capitale. Il se lia particulièrement avec un homme doué de facultés puissantes, mais qui n'a pu donner toute sa mesure, le républicain Michel (de Bourges). Il goûta vivement l'intimité que lui accorda tout de suite, à la différence de Cousin, cet esprit ardent et audacieux, engagé dans la vie pratique et dans une politique révolutionnaire ; qui s'exprimait dans un langage chaud et pittoresque, noble sans effort, parfois brutal et cynique. Il était ému en l'entendant parler familièrement de Lamennais, de George Sand, de Carrel, de Cavaignac. Il causait philosophie avec son grand ami. Il l'instruisait sur le système de Kant, qu'il étudiait en vue du concours de l'agrégation des Facultés. Mais il trouvait en son interlocuteur un homme pour qui toute la philosophie se concentrait dans le problème pratique de la destinée humaine. Et il méditait sur les droits de la pensée et de la science, en face des désirs du cœur et des aspirations de l'âme.

Il était loin d'ailleurs de se désintéresser de la pratique. Au contraire, il s'engageait avec une généreuse ardeur dans le mouvement d'idées qui précéda et suivit la Révolution de 1848. Il publia plusieurs articles fort étudiés dans la *Liberté de penser*, dont le directeur était Amédée Jacques, notamment un

Essai sur la Constitution en France depuis 1789, un bel éloge de *Lamartine*, « qui eut, dit-il, la gloire, rare chez un homme de gouvernement, d'être au pouvoir ce qu'il était avant d'y monter, de ne pas trahir, ni même amoindrir un de ses principes », une solide étude sur les *Rapports de la morale et de la politique*, l'un des sujets qu'il devait plus tard développer avec prédilection.

Dans son commerce avec Michel (de Bourges), dans ses travaux sur la politique, Janet avait pu satisfaire l'une des deux principales exigences de sa nature morale : le besoin de la liberté dans l'action honnête et généreuse. La seconde était le besoin de la vie de famille. Loin de l'en deshabituer, l'internat de la pension et de l'Ecole Normale la lui avait rendue plus désirable encore. Il ne tarda pas à la trouver, sous la forme la plus charmante et la plus parfaite. Son rêve, à cet égard, datait de loin. Il n'avait que neuf ans. Ses parents vinrent habiter, rue de l'Ancienne-Comédie, en face d'une de ses tantes, Madame Desoer, veuve d'un éditeur distingué. Un soir, en s'endormant, il se dit que sa petite cousine serait un jour sa femme. Si jeune qu'il fût, il était déjà lui-même un cœur pur et simple, qui ne se donnait qu'à ses pareils, mais qui se donnait définitivement. Il ne vit sa cousine que de loin en loin, mais jamais il n'oublia cette impression d'enfance. Or ce fut le 4 janvier 1848 que s'accomplit cette union, si ardemment souhaitée. Combien elle combla les vœux de ce noble esprit, en qui le besoin d'aimer et de répandre le bonheur autour de lui était aussi profond que le souci de connaître et de propager la vérité, à quel point elle doubla sa vie austère de poésie, de joie, de cette douceur infinie qu'exhalent, comme un parfum, l'amour sans réserve et l'absolue confiance, comment elle contribua à l'épanouissement de ses rares facultés, par l'activité nouvelle que l'affection, le bonheur, de communs et chers devoirs, l'harmonie des cœurs et des volontés lui communiquèrent, c'est ce qu'a compris d'abord quiconque a entrevu cette admirable intimité.

Reçu agrégé des Facultés et docteur ès lettres en cette même année 1848, il se rendit à Strasbourg, où il était envoyé comme professeur à la Faculté des lettres, dans des sentiments bien différents de ceux qu'il avait éprouvés en allant à Bourges. Il ne redoutait plus l'ennui de la vie de province. La famille et le bonheur, désormais, l'accompagnaient partout.

Il fut, d'ailleurs, promptement apprecié et fêté. Il ouvrit son cours en janvier 1849. Il avait pris pour sujet, sous l'impulsion des événements et aussi à propos d'une question mise au concours par l'Académie des sciences morales et politiques, l'histoire des doctrines morales et politiques. Il eut tout de suite un succès marqué. Pendant deux ans se pressa pour l'entendre un nombreux et fidèle auditoire, comme de longtemps on n'en avait vu à la Faculté. Le beau livre qui résulta de cet enseignement fut couronné par l'Académie des sciences morales et politiques (1853).

Quelques années après, en 1855, la Faculté, désireuse de se rapprocher du public, s'étant installée au cœur de la ville, à la Mairie, M. Janet donna, dans la grande salle, une série de leçons sur la famille. Cette fois, le succès fut un triomphe. A la suite de la première leçon, qu'avaient à plusieurs reprises interrompue les applaudissements enthousiastes d'un public ému autant que charmé, un auditeur recueillit cette appréciation : « Si de telles paroles n'améliorent pas, c'est à désespérer de l'humanité. » Le lendemain, les journaux de la ville racontaient la séance, donnaient l'analyse de la leçon, et ne tarissaient pas d'éloges, non seulement sur la solidité et la beauté du fond, mais sur les merveilleuses qualités de la parole, aussi vivante et généreuse qu'elle était claire, sobre et mesurée. Jamais succès ne fut de meilleur aloi. L'originalité de ces leçons consistait à partir du vrai, du simple, du naturel, et à rencontrer la beauté et la poésie par la seule analyse, délicate et profonde, de cette vérité même. Trop souvent on se plaît à mettre le devoir d'un côté, de l'autre la liberté et le plaisir. Janet montre, à l'exemple de Platon, que le devoir même est aimable, et qu'il est, en réalité, ce qu'il y a de plus aimable. Recueillies, ces leçons formèrent un livre exquis, que l'Académie française couronna, et qui, traduit bientôt en italien, en portugais, en suédois, eut de toutes parts, à l'étranger, le même succès qu'en France.

S'il savait ainsi mêler la philosophie à la vie, Janet n'omettait pas de la cultiver pour elle-même; et l'année suivante, il traita des principaux problèmes de la psychologie théorique, dans un petit cercle de personnes d'étude. Il avait d'ailleurs continué de réunir chez lui les candidats au professorat de philosophie, afin de leur donner un enseignement technique.

Quant à ses opinions et à ses doctrines, elles ne furent nullement modifiées par les événements politiques qui se produisirent à cette époque, et qui étaient comme le démenti opposé par les faits aux rêves du philosophe. Il travaillait à son histoire de la philosophie morale et politique, lorsqu'eut lieu le coup d'État de 1851. Or il écrivit alors à M. Cousin : « Je me suis remis à mon grand travail, un peu interrompu par les émotions politiques. Ce qui se passe ne changera pas, mais fortifiera, au contraire, ma pensée. Elle est tout entière, comme vous le savez, au libéralisme, que je ne crois vaincu que pour un temps. » Puis, Cousin ayant été, en 1852, rangé par M. Fortoul dans la catégorie des professeurs honoraires, c'est-à-dire privé du traitement qu'il avait continué à toucher tout en se faisant suppléer depuis vingt-deux ans, M. Janet incapable de modifier ses sentiments parce que celui qui en était l'objet subissait une disgrâce, écrit au philosophe : « Pour ma part, je suis plus disposé que jamais à me reconnaître votre disciple. »

Une telle valeur morale, jointe à la solidité et au charme de l'esprit, attira vite à M. Janet l'estime et l'amitié des hommes les plus distingués de la ville. Il se lia avec Pasteur ; avec Bertin, le modèle de la méthode, de la clarté et de l'élégance dans l'enseignement ; avec ce sage antique, d'une simplicité et d'une grâce souveraines, qui s'appelait Constant Martha ; avec notre admirable maître M. Jules Zeller, qui semble avoir vécu dans les temps qu'il raconte, et pour qui l'histoire n'est que la psychologie en action ; avec le savant M. Grucker, en qui se combine si aisément le meilleur des qualités allemandes et des qualités françaises ; avec Willm, l'historien de la philosophie allemande, avec Christian Bartholmèss, l'historien de l'Académie de Prusse et des doctrines religieuses en Allemagne, sur la tombe duquel il prononça, en 1855, d'éloquentes et touchantes paroles.

Relations fécondes autant qu'agréables, car ce philosophe avide de réalités interrogeait chacun sur ses études spéciales. C'est ainsi qu'ayant fait la connaissance d'un aliéniste fort distingué, David Lochard, qui introduisit ces réformes humanitaires dans le traitement des maladies mentales, il alla étudier ces réormes sur le vif, à Stephansfeld, situé à quelques lieues de Strasbourg, et publia le résultat de ses observations dans la *Revue des Deux-Mondes*.

Il était grand ami de la promenade philosophique. Il y conversait, comme les anciens, d'une manière très libre et familière, mais solide et instructive. Ou bien il lisait et méditait dans la solitude. Plus d'une leçon sur la famille a été élaborée sous les charmants ombrages des jardins de l'Hôtel de la Poste, déserts pendant la semaine.

Et il s'attachait à l'Alsace, à ce beau pays si riant et si sain, à ce précieux coin de France, où la générosité nationale se mélangeait d'une raison calme et d'une constance inébranlable, et où les savants, alors, pouvaient se vouer à la noble tâche de servir de trait d'union entre la France et l'Allemagne.

Mais nos Facultés de province, quelque vie qu'y infusât par intervalles la parole d'un Bautain, d'un Ferrari ou d'un Paul Janet, peu organisées, à cette époque, comme centres scientifiques, ne pouvaient donner qu'une satisfaction incomplète à un homme avide d'une action étendue sur la jeunesse du pays. C'est pourquoi Janet, en 1856, quitta, en dépit des liens étroits qui l'y attachaient, la Faculté de Strasbourg, pour la chaire de logique du Lycée Louis-le-Grand.

Avec sa maturité précoce et sa verve juvénile, il y fut un professeur incomparable. En un temps peu propice à la libre et haute spéculation, il sut intéresser tous ses élèves, les derniers comme les premiers, à un enseignement grave et solide. Il leur donnait un exemple de méthode, de conscience, de probité intellectuelle et morale, dont ils ont tous gardé le plus vif et le plus reconnaissant souvenir. Aujourd'hui encore, ceux qui ont eu le bonheur de recevoir cet enseignement, se plaisent à rappeler la profonde et bienfaisante influence du maître qui leur disait, dans son discours de distribution des prix, à propos des couronnes qu'ils allaient recueillir : « Ce qui a le plus de prix, jeunes élèves, c'est une volonté honnête, appliquée, scrupuleuse, qui ne discute pas le devoir, qui, sans dédaigner la récompense, recherche surtout l'estime et l'approbation. »

Cependant la réputation du philosophe et de l'écrivain grandissait rapidement. Élargi, et publié sous le titre d'*Histoire de la Philosophie morale et politique* (1859), l'ouvrage jadis couronné par l'Académie des sciences morales et politiques, l'était maintenant par l'Académie française. La même Académie couronnait, en 1863, un très beau livre, digne pendant de la *Famille*, sur la *Philosophie du Bonheur*.

En 1863 également paraissait une très lucide et substantielle étude sur le *Matérialisme contemporain*, qui n'allait pas tarder à être traduite en allemand, en anglais, en hollandais, en polonais. Une si féconde et utile activité désignait M. Janet pour la Sorbonne et pour l'Institut. Il fut nommé en 1864 professeur d'histoire de la philosophie en remplacement de Saisset ; et, cette même année, il devint membre de l'Académie des sciences morales et politiques. Il avait quarante et un ans. Sa destinée était désormais fixée. Les seuls changements que le temps devait apporter à sa situation furent la transformation de sa chaire en chaire d'histoire de la philosophie moderne (1879), et son transfert dans la chaire de philosophie, après la mort de son regretté collègue Caro en 1887.

Rarement homme fut à sa place autant que M. Janet dans sa chaire de la Sorbonne. A peine avait-il ouvert la bouche, qu'on se sentait captivé par l'air de sincérité, de naturel, de droiture en même temps que de vivacité intellectuelle, qui se dégageait de toute sa personne. C'était un mélange surprenant de pensée et de vie. Transporté par le professeur dans le monde des idées et du vrai en soi, tout entier aux choses qu'il exposait, on oubliait de remarquer la précision heureuse et la facilité savante de sa parole, une simplicité inviolable qui n'excluait ni l'imagination ni l'esprit, une verve naturelle qui ne faisait jamais tort au raisonnement, une dialectique serrée, pressante, qu'on eût dite habile, si elle avait été autre chose que le jeu des idées elles-mêmes, s'entre-choquant et se conciliant au sein d'une libre et large intelligence.

Il recherchait surtout la clarté, comme un héritage national que nous avons le devoir de conserver et de transmettre à nos descendants. Il la possédait en maître. Par sa bouche, un Kant et un Hegel même, sans renoncer à leur profondeur, parlaient un langage humain et accessible à tous.

Sa puissance d'argumentation se montrait notamment dans les soutenances de doctorat. Plus d'une fois, j'ai entendu dire aux candidats que, d'emblée, M. Janet avait mis le doigt sur le point faible de la thèse, et que, par ses définitions, ses distinctions et ses déductions si précises et si judicieuses, il avait subitement éclairci ce qui, après des années de réflexion, leur était demeuré obscur. Ce n'était pas en vain qu'il avait étudié la dialectique platonicienne. Il était impossible de mieux poser une question, de discuter plus méthodiquement le pour et le contre, d'enchaîner ses idées avec plus d'aisance et de logique, d'aboutir à des conclusions plus nettes et mieux amenées, que ne faisait M. Janet, en quelque circonstance qu'il eût à prendre la parole.

A l'exemple de Socrate et de Platon, il voyait dans l'exposition et la discussion orales, dans le commerce vivant des intelligences, une condition de l'invention et de la critique des idées.

Aussi a-t-il commencé par traiter oralement toutes les théories qui devaient faire l'objet de ses ouvrages. En lui le professeur et l'écrivain, jusqu'à la fin, n'ont fait qu'un. Nous en trouvons un touchant témoignage dans la manière dont il nous présente son dernier grand ouvrage, véritable testament philosophique, ses *Principes de métaphysique et de psychologie* (1897) : « J'ai cru devoir, dit-il, conserver à ces leçons leur forme primitive, avec les imperfections qu'elle entraîne... J'ai voulu rester professeur devant le public qui écoute. » Qui pourrait s'en plaindre ? Ce livre nous rend, autant qu'il se peut faire, avec le penseur, que nous admirons, le maître que nous avons aimé.

Sa première préoccupation quand lui furent confiées les destinées de l'enseignement de l'histoire de la philosophie à la Sorbonne, fut de se rendre un compte exact de l'état de la philosophie. Il jugea que les idées spiritualistes, jadis maîtresses de l'opinion, étaient depuis dix ou quinze ans très sérieusement menacées.

D'une part, un esprit nouveau s'éveillait, l'esprit des sciences positives, pour qui les intérêts les plus chers du cœur humain ne comptent pas, et qui affectent de ne connaître que les faits et leurs rapports observables. Au nom de cet esprit on raillait la philosophie sur son éternel recommencement et son manque de principes assurés, sur son asservissement aux désirs et aux fantaisies de l'homme, voire aux intérêts des classes régnantes et des gouvernements.

D'autre part, le souffle métaphysique qui partait de l'Allemagne, arrêté quelque temps par l'interposition de la philosophie écossaise, brisait maintenant ce frêle obstacle, et entraînait vers des doctrines panthéistiques les âmes avides de haute spéculation.

Entre ces deux adversaires, la philosophie spiritualiste réussirait-elle à se maintenir ?

Telles furent les observations et les réflexions auxquelles se trouva conduit M. Janet. Il les consigna dans une série d'études sur Taine, Renan, Littré, Vacherot, qu'il publia en 1865 sous le titre de *La Crise philosophique*. Et comme, par la suite, l'esprit scientifique et l'esprit métaphysique continuèrent à se développer et à s'étendre, c'est en face de ces deux puissances que, pendant toute sa vie, M. Janet s'appliqua à maintenir le règne des idées spiritualistes.

Il appréciait fort la polémique élégante, habile, éloquente de M. Caro. Mais il y voyait une escrime très distinguée plutôt qu'un véritable affermissement du spiritualisme. Pénétré du principe de la dialectique platonicienne, il jugea que la vraie manière de désarmer les adversaires, c'était moins de triompher de leurs faiblesses ou de leurs erreurs, que de dégager et de s'assimiler la part de vérité qui devait se trouver dans leurs doctrines.

Et d'abord, il n'hésita pas à rompre avec ce principe, alors devenu courant, que la philosophie doit avant tout être une garantie de l'ordre établi, qu'elle s'honore de consolider les fondements des plus nobles croyances de l'humanité, qu'elle se juge à ses conséquences pratiques et sociales. Très nettement il déclara que le philosophe vraiment digne de ce nom cherche le vrai pour lui-même, abstraction faite de son utilité, ou plutôt considère la poursuite impartiale du vrai comme un devoir, partant comme une utilité première et fondamentale.

C'est de ce point de vue qu'il détermina l'orientation qu'il convenait de donner à la philosophie.

Pour lui permettre de faire front à la science, il demanda qu'elle-même devînt véritablement une science, c'est-à-dire que, d'une part, elle conservât fidèlement le fonds des connaissances acquises, et que, d'autre part, elle restât ouverte à toutes les nouveautés dont le progrès de la réflexion pouvait démontrer la légitimité. Et, selon lui, cette condition était certainement réalisable. En effet, depuis Descartes et Maine de Biran, la philosophie possédait, d'une manière définitive, dans cette réalité qu'on nomme la conscience, l'objet et l'instrument de ses recherches.

Et la conscience, interrogée avec méthode et pénétration, promettait également aux métaphysiciens, sur le terrain même de l'expérience, les vues relatives à l'être, qu'ils demandaient à la spéculation allemande. Car par delà le fait, comme l'a montré Biran, la réflexion découvre la cause. Et ainsi se rejoignent la conscience et la raison, le relatif et l'absolu, que Cousin séparait par un abîme. Notre moi, approfondi, apparaît comme la conscience de l'universel.

Telles furent les idées qui, surtout après 1869, inspirèrent les travaux de M. Janet. Elles donnèrent tout d'abord une impulsion nouvelle et une direction précise à ses études historiques. Puisque la dialectique est la condition du progrès en philosophie, c'est le devoir du philosophe, non seulement de bien connaître et de comprendre avec profondeur toutes les manifestations importantes de la pensée humaine, mais encore de discerner ce qu'il y a sans doute de légitime et de durable dans chacune de ces manifestations. La tolérance, pour qui se place à ce point de vue, n'est plus le gage d'une humeur bienveillante, d'un caractère sociable : c'est un devoir scientifique, c'est la condition indispensable du progrès. M. Janet, en fait, est plus que tolérant. Il appelle, il suscite la contradiction. Car il a besoin des idées d'autrui pour inventer, éprouver et développer les siennes, il a besoin de lutter pour être.

De là tant de fortes et lumineuses études sur la plupart des grands philosophes. De là, notamment, l'idée directrice de l'*Histoire de la Philosophie* qu'il composa en collaboration avec M. Séailles (1887-88), et où il se propose d'offrir au lecteur, sur chaque question, le tableau des principales solutions données par les philosophes.

Sur certains points l'application rigoureuse de sa méthode historique était une sorte de révolution. C'est ainsi qu'ouvrant, en 1867, un cours sur la philosophie de Kant, il commençait à peu près en ces termes : « Jusqu'en 1830 la philosophie allemande a été, en France, un objet de curiosité, d'étonnement, puis d'enthousiasme. Ensuite est venue une période de doute, de défiance, finalement d'hostilité. Plus tard nous avons assisté à un renouveau de la philosophie allemande. Or, à la période d'enthousiasme ou de combat, il est temps de substituer une période d'examen. On a fait de la philosophie allemande une arme, tantôt contre le sensualisme, tantôt contre le spiritualisme : il convient d'en faire un objet d'étude. » Et, en effet, de cette époque surtout date chez nous l'effort désintéressé pour comprendre véritablement, dans ses motifs et ses résultats, cette philosophie, à certains égards si différente de la nôtre.

L'un des sujets qu'a traités M. Janet se prêtait mal à cette parfaite impartialité, à savoir la vie et l'œuvre de Victor Cousin. Le respect et la reconnaissance dont ne pouvait se départir cette âme scrupuleuse et bonne, la résolution et comme le parti pris de ne céder en rien aux retours de l'opinion, n'allaient-ils pas troubler le regard de l'historien ?

M. Janet a très nettement et très utilement démontré que le Victor Cousin d'avant 1842 ne doit pas être confondu avec le Cousin des dernières années. Dans la première période de son activité, Cousin se montra libre et hardi métaphysicien, enclin au panthéisme, et conquit à l'enseignement de la philosophie en France l'indépendance vis-à-vis de l'autorité religieuse. Mais ce n'est là qu'une moitié de sa vie; et M. Janet, aussi exact à marquer l'ombre que la lumière, nous montre bientôt Cousin, gêné par son passé, falsifiant subrepticement ses propres ouvrages pour donner satisfaction à l'Eglise, plaçant la philosophie sous le patronage de ses ennemis, reniant la libre recherche et les droits de la raison, pour s'incliner devant un vague sens commun, prête-nom des idées dites conservatrices, en un mot rompant avec lui-même. Et il ajoute : « Restituer au spiritualisme sa part et sa place dans la libre-pensée, le faire rentrer dans le giron de la philosophie..., le délivrer de tout patronage artificiel et de toute complicité réactionnaire, lui ôter l'apparence d'un parti pris, le réconcilier avec le libre examen, la critique, l'esprit nouveau, telle est l'œuvre ingrate et pénible à laquelle notre illustre maître nous a condamnés, et sans laquelle notre philosophie aurait continué d'être considérée comme une *ancilla theologiæ*. »

En même temps qu'il poursuivait, dans cet esprit d'impartialité, ses études d'histoire de la philosophie, et en s'appuyant sur les résultats de ces études mêmes, M. Janet s'efforça de faire avancer le spiritualisme biranien, dans lequel il voyait le fondement de la philosophie définitive.

Dès 1868, il exposait, en de belles leçons faites à la Sorbonne et reproduites en partie dans les *Problèmes du XIXe siècle* (1872), comment dans la conscience elle-même, méthodiquement approfondie, on découvrait cette liaison du phénomène à l'être, du moi aux choses extérieures, du relatif à l'absolu, que, d'une manière générale, on avait cherché vainement, soit dans un raisonnement logique, soit dans une intuition mystique. Il établissait ainsi, sur de solides fondements, la réalité de l'âme, du monde et de Dieu.

Puis, non content de reprendre, dans *Le Cerveau et la pensée* (1867), sa réfutation du matérialisme fondée sur l'originalité irréductible de l'être qui existe pour soi, il traitait, suivant sa méthode, l'importante question des *Causes finales* (1876). On l'y voyait incorporer habilement à la doctrine classique la finalité immanente des métaphysiciens allemands. D'autre part, il maintenait nettement la nature consciente du premier être. Et ainsi, son spiritualisme s'élargissait, et s'assimilait certaines parties du panthéisme, sans que le principe en fût modifié.

Il en était de même dans l'ordre pratique. Son traité de *Morale* (1874) reste foncièrement rationaliste. Le bien, défini par le concept de la perfection humaine, est le principe auquel il s'arrête. Mais avec ce principe il sait concilier la doctrine kantienne de l'obligation proprement dite, étendue aux degrés même les plus élevés du bien, c'est-à-dire le dévouement envisagé comme devoir véritable, et non pas seulement comme luxe de la vie morale. Il sait aussi, d'un point de vue tout philosophique, relier intimement la morale et la religion, comme à cette conscience de l'éternel et de l'infini, qui est au fond de nous-même, et qui nous commande de franchir les bornes de notre personnalité égoïste.

Toujours plus nettement, M. Janet s'éleva de la conscience comme individualité existant pour soi, à la conscience comme participation à l'impersonnel et à l'absolu. Son dernier grand ouvrage, intitulé *Principes de métaphysique et de psychologie*, résumé lumineux de ses principales doctrines, aboutit à des pensées telles que celles-ci : La personnalité doit-elle se confondre avec l'individualité ? Non : un animal est un individu, mais il n'est pas une personne. La personnalité commence avec la conception de l'impersonnel. L'homme est sacré pour l'homme : or, n'est-ce pas la participation à l'absolu, à l'infini, au divin, qui seule peut rendre un être sacré ?

Et sa philosophie, toujours plus libérale, accueillait avec faveur les efforts les plus variés des contemporains pour ouvrir des voies nouvelles.

Dans son livre sur la *Philosophie française contemporaine*, nous le voyons applaudir au rapprochement de la philosophie et des sciences, que lui-même appelait déjà dans la préface de son livre sur la famille en 1857 ; au développement de la psychologie expérimentale ; au réveil de la spéculation métaphysique ; aux études sociales et politiques, conçues dans un esprit de plus en plus scientifique. Il ne mettait à cet élargissement de la philosophie qu'une condition, c'était qu'elle conservât son originalité et son autonomie, et qu'elle s'enrichît sans cesser d'être elle-même. Elle ne devait être la servante de personne, pas plus de la science que de la théologie.

De cette riche moisson d'idées, M. Janet n'a cessé de faire profiter l'enseignement à tous ses degrés, par les nombreux livres scolaires qu'il a publiés. Il excellait à extraire des théories les plus savantes les éléments accessibles à la jeunesse et à les présenter d'une manière claire et vivante. A quel point il a rajeuni et fortifié la philosophie scolaire, c'est ce que soupçonnent à peine ceux-là même qui lui doivent le plus. Un grand nombre d'erreurs historiques redressées, des problèmes intéressants introduits dans les cours, mainte théorie moderne acquise au domaine public viennent, sans que toujours on s'en doute, des livres de M. Janet. Sans aucun appel à l'habileté ou à l'autorité, par la seule force de la science et du raisonnement, M. Janet exerce et continuera à exercer sur l'enseignement philosophique une influence au moins égale à celle dont se glorifie celui qu'on nommait le grand pontife.

A considérer l'ampleur de l'œuvre philosophique de M. Janet, on croirait volontiers qu'elle ne lui a laissé aucun loisir pour d'autres études. Mais, avec la philosophie, de bonne heure, il avait cultivé la science politique ; et ses travaux en cette matière sont si considérables qu'à leur tour, ils semblent l'emploi de toute une vie. Restreinte à l'*Histoire de la Science politique dans ses rapports avec la Morale* (1872-1887), son ancienne Histoire de la philosophie morale et politique forme deux gros volumes remplis de faits et d'idées. Le sujet y est traité jusqu'en 1789. Professeur d'histoire morale et sociale à l'École libre des sciences politiques depuis sa fondation en 1871, M. Janet y a traité des idées de la Révolution et des origines du socialisme ; et de cet enseignement sont sortis les ouvrages intitulés : *Saint-Simon et les Saint-Simoniens* (1872) ; la *Philosophie de la Révolution française* (1874) ; les études sur Tocqueville (dans les *Problèmes du XIXe Siècle*), sur Fourier, sur Pierre Leroux (*Revue des Deux-Mondes*, 1879 et 1899). Il a écrit, en outre, pour le centenaire de 1789, une courte et substantielle *Histoire de la Révolution française* (1889).

Tous ces ouvrages sont de consciencieuses et solides études d'histoire, mais en même temps des livres de doctrine, où le philosophe, considérant la réalité, telle que la science la dégage, ne craint pas d'induire et de juger, au nom de la raison.

La pensée dominante est la liaison de la politique avec la morale. Selon M. Janet, c'est essentiellement sur la nature morale de l'homme, sur la liberté soumise au devoir, sur la personnalité, au sens vrai du mot, que se fonde son droit inviolable, justement proclamé par les politiques. Et ce droit, que souvent on oppose à la tradition, est, en réalité, l'âme invisible de la tradition elle-même. La définition concrète et la réalisation du droit, qu'une raison plus généreuse qu'éclairée a pu considérer comme immédiatement possibles, sont, en réalité, des tâches infinies. C'est à cette œuvre qu'ont travaillé, plus ou moins consciemment, les grands théoriciens et les grands politiques de tous les temps. Et la Révolution française, qui a fait aboutir ces efforts, n'est pas elle-même un terme, mais un point de départ. Elle a formulé les principes mais d'une manière encore très générale ; et elle en a, dans une certaine mesure, compromis la réalisation par les moyens, souvent contraires à ces principes, auxquels elle a eu recours. Il s'agit pour nous d'assurer et de développer les conquêtes de la Révolution. Ne nous effrayons pas parce que nous rencontrons des difficultés. Il y aura toujours plus de difficultés. Elles croissent avec la hauteur du but que l'on vise. Elles naissent des progrès mêmes que l'on a réalisés. Le moyen d'en triompher successivement est de combiner son effort avec l'énergie accumulée que nous ont léguée nos devanciers.

Dans ses travaux politiques, M. Janet est, de son aveu même et intentionnellement, moraliste et philosophe en même temps qu'historien. Mais une autre veine s'était révélée chez lui dès sa première jeunesse, la veine littéraire proprement dite. Elle ne fut nullement tarie par la méditation philosophique. Toute sa vie M. Janet fut un grand liseur. Il aimait les livres de naissance. Sa promenade favorite étaient les quais, où il aimait à faire des trouvailles. Le soir, il lisait en famille. A la campagne, il passait chaque jour plusieurs heures à lire dans la solitude des bois. Il lisait tout d'abord par plaisir et sans but. Il relisait ses ouvrages favoris, ceux qui l'amusaient ou lui donnaient à réfléchir, sans tenir le moindre compte de la mode et de la vogue. Il était resté fidèle à Walter Scott, à Richardson, à Radcliffe. Il avait conservé sa passion pour le théâtre et la littérature dramatique. Il goûtait aussi particulièrement les romans anglais, et surtout il aimait les mémoires, les correspondances : Saint-Simon et Grimm étaient ses favoris. Tout lui était bon, en somme, sauf le contemporain, ennemi du calme qu'il venait chercher dans les bois.

Bien que, dans la lecture, il vit avant tout un délassement, il ne pouvait faire autrement que d'y apporter sa curiosité et sa finesse de psychologue ; et elle lui fournissait facilement la matière d'excellents ouvrages et articles, où une érudition aimable se doublait d'une connaissance très pénétrante des mouvements et des ressorts du cœur humain. Telles *Les Lettres de Mme de Grignan* (1888), dont il retrouve le contenu et les traits essentiels, avec autant de mesure que d'adresse, à travers les lettres de Mme de Sévigné ; les *Passions et les caractères dans la littérature du* XVIIe *siècle* (1888), analyse savante et ingénieuse des lois psychologiques que mettent en action, même sans y prendre garde, les écrivains contemporains de Descartes et de Malebranche : *Fénelon* (1892), qu'il a beaucoup lu et goûté, et en qui il défend une gloire nationale, vis-à-vis de la sévère critique des historiens actuels. Tels ces nombreux articles du *Journal des Savants*, qui traitent, non seulement de Descartes ou de Mill, mais de Mme de Maintenon, Pascal, La Rochefoucauld, Molière, Hardy, Retz, Castellion, Bossuet, Montesquieu, Prévost-Paradol, Lamartine, Rousseau, Houdar de Lamothe, c'est-à-dire de sujets expressément littéraires, études où il se montre maintes fois écrivain consommé. Quoi de plus ramassé et de plus souple, de plus savant et de plus naturel que ce résumé, complet en quelques lignes, de la vie de Mme de Maintenon : « Ce qui frappe le plus dans cette personne, c'est le contraste de la vie la plus singulière, la plus pleine de grandes et étranges aventures, avec l'esprit le plus correct, le plus régulier et le plus classique, s'il est permis de parler ainsi. C'est en quelque sorte une héroïne à la Boileau, encadrée dans un drame à la Shakespeare. Petite-fille d'un des plus grands huguenots du XVIe siècle, fille d'un père indigne de ce nom, meurtrier et faux monnayeur, née dans une prison, baptisée catholique, élevée dans la religion protestante, redevenue catholique quelques années plus tard, emmenée dans les colonies où elle passe sa première enfance, ramenée en France par sa mère veuve, dans un tel état de misère qu'elles durent la subsistance à la charité d'un couvent, recueillie après la mort de sa mère par une tante qui l'employait à garder les dindons, sauvée de cette misère par le plus bizarre des mariages, épouse sans l'être d'un poète grotesque et cul-de-jatte, et cependant introduite précisément par ce mariage dans la société de la cour, et, une fois devenue veuve, s'y maintenant et s'y répandant par la haute distinction de sa personne et par une sorte de génie de dame de compagnie toujours empressée à se rendre utile dans la direction d'une maison ; choisie bientôt comme gouvernante des enfants d'un roi, mais adultérins ; en lutte avec la maîtresse et bientôt victorieuse dans cette lutte ; reine enfin *in partibus* et mariée au plus grand monarque de la chrétienté, et, après toutes ces grandeurs, allant mourir obscurément dans un pensionnat de demoiselles ; on peut dire d'elle ce que La Bruyère disait de Lauzun : « On ne rêve point comme elle a vécu. »

Philosophe, moraliste, littérateur, écrivain, aussi préoccupé d'application que de théorie, M. Janet était admirablement préparé à traiter les questions d'éducation. Les circonstances, aussi bien que ses goûts, l'y amenèrent ; et cette partie de son œuvre n'est pas la moins importante.

Dès 1871, Jules Simon, alors ministre de l'Instruction publique, s'étant formé une sorte de conseil intime composé d'universitaires en qui il avait confiance, y appela M. Janet. Plus tard, lors de la réorganisation du Conseil supérieur par Jules Ferry en 1880, M. Janet y entra comme délégué des Facultés des lettres. Il y siégea jusqu'en 1896, et fut membre de la section permanente. Il rapporta plusieurs projets importants, notamment ceux qui concernaient l'enseignement de la philosophie dans les plans d'études de 1880 et de 1885. C'est sur sa proposition que, dans le programme de 1880, la morale fut replacée avant la théodicée, et qu'une note fut ajoutée, portant que l'ordre adopté dans le programme n'enchaînait pas la liberté du professeur. C'est d'un savant et vigoureux rapport rédigé par lui que sont extraites les considérations sur l'enseignement de la philosophie qui figurent dans les *Instructions ministérielles* de 1890.

Soit dans les délibérations du Conseil, soit dans de nombreux et importants articles de revues, il conforma très fidèlement sa pratique à sa théorie : constamment libéral et ami du progrès, mais se défiant des nouveautés qui ne se rattachaient pas à la tradition, demandant que l'on conservât en transformant, plaçant d'ailleurs le progrès dans une culture toujours plus haute, plus rationnelle, plus conforme à la dignité et au devoir de la personne humaine.

De ce point de vue, il maintenait nettement les droits de l'éducation intellectuelle en face des besoins pratiques, des intérêts politiques, et même en face des droits de l'éducation morale proprement dite. L'intelligence, selon lui, devait être cultivée pour elle-même, parce qu'elle est une pièce de la dignité humaine. On ne peut songer à la façonner et à la contraindre, fût-ce en vue de la vie morale, puisque la morale même commande de la considérer comme une fin.

En particulier, M. Janet défendit énergiquement, en toutes circonstances, les droits de la philosophie, ou recherche impartiale du vrai par la raison, et il veilla à ce que l'enseignement de cette science demeurât libéral, élevé, sincère et autonome.

Dans le même sens, tout en acceptant les modifications matérielles que pouvaient réclamer l'esprit et la vie modernes, il restait attaché au principe des études classiques, comme à la source par excellence de l'éducation libérale ; et il ne dissimulait pas ses scrupules et son inquiétude, toutes les fois qu'elles lui paraissaient menacées de diminution ou d'altération.

Et encore, dans la question de l'éducation des femmes, il se déclarait d'emblée pour le principe libéral de l'égalité des sexes, mais en ajoutant, conformément à la tradition et à la raison, qu'il s'agit d'égalité, non dans l'identité, mais dans la différence.

Tels sont les principaux domaines dans lesquels s'est exercée sa féconde activité de penseur et d'écrivain. On ne peut songer à énumérer ses travaux d'une manière complète ; car ses innombrables et curieuses lectures, les événements, les livres et les questions du jour lui suggéraient à chaque instant quelque article, quelque notice, tantôt une lettre, tantôt un rapport académique, ou l'évocation de souvenirs personnels, ou le récit de faits oubliés, morceaux toujours riches de faits et d'idées, toujours marqués au coin de la réflexion, de l'esprit de progrès, de la modération et de l'impartialité. Telles ses belles notices sur Adolphe Garnier, sur Martha, sur Jules Simon, tels ses examens critiques des thèses de philosophie, ou ses études sur l'hypnotisme parus dans la *Revue scientifique*. Son abondance est vraiment extraordinaire ; et pourtant jamais il n'est pressé, toujours il parle comme un homme qui a fait de la question qu'il traite une étude particulière.

Il semblerait, à voir cette magnifique production intellectuelle, que Janet a oublié de vivre, qu'en lui le professeur et l'écrivain ont remplacé l'homme. Mais l'homme, au contraire, dominait ce vaste monde d'idées et de connaissances dans lequel se mouvait sa pensée ; et c'était sa propre vie, même la plus intime, dont il animait ses écrits. Une vie d'ailleurs, où les plus belles inspirations de la nature sont si intimement unies aux fruits de la réflexion et de la philosophie, qu'elle se traduit, comme d'elle-même, en fortes et hautes pensées, en raisonnements méthodiques et lumineux. On ne pouvait apercevoir M. Janet sans être frappé de la clarté avec laquelle son âme transparaissait à travers sa physionomie. On remarquait tout de suite ce visage mobile sans agitation où se reflétait une délicate sensibilité, ce sourire fin et bon, qui marquait la perspicacité de l'esprit et la simplicité du cœur, cette expression de bienveillance attentive qui se dégageait de tous ses traits dans la conversation, surtout ses yeux si perçants, si clairs, au regard si franc et si droit, où se lisaient la volonté, le goût de l'action, la puissance de résister et de lutter, en même temps que l'attachement aux choses idéales, et la certitude qu'elles ne nous trompent pas. C'est qu'en effet, toutes les vertus qu'il a si bien analysées et déduites, il les possédait, les plus humbles comme les plus hautes, celles de l'homme public comme celles de l'homme privé. Avant tout, il avait la religion et la sincérité de la clarté et de la droiture. S'en écarter lui eût été chose impossible. Il pouvait être animé contre les doctrines, encore qu'il en cherchât toujours, de bonne foi, le côté plausible ; mais il demeurait bienveillant envers les personnes. Il se mettait même en garde contre les préventions qui eussent pu lui venir de ses convictions personnelles ; et, après avoir dit avec franchise ce qu'il avait sur le cœur, il s'employait en toute simplicité en faveur de celui à qui il avait fait peur par ses objections. Plus d'une fois, dans ces derniers temps, il a eu quelque inquiétude au sujet des tendances des jeunes philosophes. Il craignait que la philosophie n'eût été arrachée à la tutelle de la théologie que pour s'effacer devant la science. Mais il n'eût pas songé à traiter défavorablement un candidat pour des raisons de doctrine, il le jugeait sur ses connaissances, sa capacité philosophique, son talent.

Ce que fut dans l'intimité cet homme si délicat et si juste dans la vie publique, c'est ce que laissent soupçonner les charmants ouvrages où il a parlé de la vie de famille. Il n'avait qu'à regarder en lui-même et autour de lui pour en trouver un modèle achevé. C'est là que se sont épanouies en pleine liberté les qualités exquises qu'une sorte de réserve instinctive ne lui permettait pas de déployer entièrement dans sa vie publique : un cœur tendre et confiant, une bonté foncière, une verve aimable, gaie, spirituelle, malicieuse parfois, innocente toujours, une simplicité absolue jointe à une distinction innée et inviolable, enfin l'art parfait et comme naturel de répandre le bonheur autour de lui, et de le trouver soi-même dans l'honnêteté et dans le dévouement. Un exemple touchant de son zèle pour sa famille est le soin qu'il prit d'instruire lui-même ses enfants. Il composa pour eux, avec sa science, son jugement et son goût, tout un cours de littérature classique. Il combina avec un tact exquis l'action du maître avec l'initiative de l'élève, dont sa propre expérience lui avait si bien appris l'efficacité. Et la moisson, on le sait, fut digne du semeur.

Cette admirable vie intime eut son couronnement le 4 janvier 1898, dans une fête charmante. C'étaient les noces d'or de M. et Mme Janet. Le grand-père et la grand'mère, en pleine santé l'un et l'autre, avaient conservé leurs cœurs de vingt ans. C'est avec des paroles tirées du livre de *La Famille* que les enfants tracèrent le tableau de la belle et heureuse vie de leurs parents ; et c'est la poésie rayonnant de ces deux âmes pures et bonnes, qui leur fut renvoyée en discours touchants, en vers harmonieux. Fidèle symbole de la plus chère pensée de M. Janet : celle de l'union, au regard d'un esprit bien fait, du vrai et du beau, du devoir et du bonheur, de la règle et de la liberté !

A le voir encore si actif, si jeune de cœur et d'esprit, qui n'eût attendu avec confiance, selon le vœu qu'exprimaient ses enfants, les noces de diamant après les noces d'or ? Mais la santé de M. Janet, demeurée bonne jusqu'alors malgré sa délicatesse native, ne tarda pas à s'altérer. Il lui fallut endurer un malaise continuel, se résigner à des soins qui gênaient son travail. Puis, l'hiver dernier, il fut gravement malade ; et enfin, à Pâques, un mal implacable commença d'exercer ses ravages. Le philosophe ne fut pas pris au dépourvu. Jamais le bonheur ne l'avait enivré : la souffrance ne put abattre son courage. Il continua, tandis que ses forces physiques l'abandonnaient, à tenir son esprit fixé sur les objets éternels, avec lesquels il s'était identifié. C'est au printemps dernier qu'il publia le commencement de son ouvrage sur Pierre Leroux, et jusqu'à la fin de sa vie il travailla à une nouvelle édition des œuvres philosophiques de Leibnitz. Lorsqu'après plusieurs mois de torture il sentit que son organisme était vaincu, comme il était alors à Forges-les-Bains, où il avait accoutumé de passer les vacances, il voulut revenir à Paris, pour mourir dans sa ville natale, au milieu de cette grande famille d'esprits passés et présents dont il avait si bien concilié le culte avec celui de la famille naturelle. Il s'éteignit le 4 octobre 1899.

Comme en son foyer, dont il était l'âme, ainsi fut vivement ressenti dans le monde savant le vide que laisse sa disparition. C'est l'un des chaînons par où le présent se reliait le plus harmonieusement au passé, qui se trouve brisé. C'est l'un des apôtres et des artisans les plus dévoués de la tolérance, de la sympathie intellectuelle, de l'élargissement de la pensée individuelle par la juste appréciation de la pensée des autres, dont l'œuvre est brutalement interrompue. Puissent du moins son exemple, ses écrits, sa parole encore vibrante dans l'écho de ses cours, nous apprendre à chercher notre perfectionnement, non dans un culte de plus en plus subtil de notre moi, mais, au contraire, dans une communion toujours plus large avec les plus nobles représentants de notre patrie, de notre race, de l'humanité !

Émile BOUTROUX.

(*Extrait de l'Annuaire de l'Association des anciens élèves de l'École Normale pour 1900.*)

VERSAILLES, IMPRIMERIES CERF, 59, RUE DUPLESSIS.

Original en couleur
NF Z 43-120-8

www.ingramcontent.com/pod-product-compliance
Lightning Source LLC
Chambersburg PA
CBHW070525050426
42451CB00013B/2856